# ÉTUDES BIBLIQUES POUR LA VIE SAINTE

Charles Shaver

*f&s*

EDITIONS FOI ET SAINTETÉ
Lenexa, KS 66220

Publié originellement en anglais
  *Basic Bible Studies for the Spirit-Filled and Sanctified Life*
  By Charles "Chic" Shaver
  Copyright © 1991
  Published by Beacon Hill Press of Kansas City
  A division of Nazarene Publishing House
  Kansas City, Missouri 64109  USA

  This edition published by arrangement
  with Nazarene Publishing House.
  All Rights Reserved

ISBN 978-1-56344-662-7

Les citations bibliques indiquées par (LS) renvoient à la *Sainte Bible,* la version Louis Segond, 1910.

Les citations bibliques indiquées par (FC) renvoient à la *Bible en français courant* (FC), nouvelle édition révisée. Copyright © 1997, Alliance Biblique Universelle.  Utilisé avec permission.

# LEÇON 1
# QUI EST LE SAINT-ESPRIT ?

Tu as accepté Jésus comme ton sauveur et seigneur. Tu es à présent son disciple. L'étude de la Bible fait probablement partie de ta vie spirituelle. Tu as peut être un guide d'étude. A présent, tu veux croître encore plus et être celui ou celle que Dieu veut que tu sois.

Tu aimerais en savoir plus sur le Saint-Esprit. Est-il vraiment un mystère pour toi ? Cette leçon t'aidera à savoir qui il est et comment il compte œuvrer dans ta vie.

Cherche dans la Bible les réponses aux questions suivantes. Lis la réponse dans la Bible, écris-la ensuite, avec tes propres mots.

1. Ézéchiel avait prédit que l'esprit de Dieu accomplirait une œuvre merveilleuse dans le cœur des hommes. Que fera l'Esprit pour toi ? (Ézéchiel 36.26-27)

   _____

   _____

2. Jésus était face à la crucifixion. Cela signifiait qu'il quitterait physiquement ses disciples (voir Jean 14.1-4). Qui viendrait prendre la place de Christ ? (Jean 14.16-17) _____

   _____

3. Quelle est la signification des mots ou expressions suivantes en Jean 14.16 ? (Selon l'utilisation des versions de la Bible, on notera des variations de mots. Par exemple le mot « consolateur » dans la version Louis Segond, « défenseur » dans la version du Semeur et « paraclet » dans la version TOB.
   a. « Un autre » _____
   b. « Consolateur », « Intercesseur » ou « Aide » _____
   c. « Demeure éternellement avec vous » _____
   d. « L'Esprit de vérité » _____

4. Selon Jésus, quelles sont les conditions pour recevoir le Saint-Esprit ? (Jean 14.16-17) _____

   _____

   _____

   _____

   _____

5. Dans quelle mesure serais-tu concerné(e) par le problème que Jésus soulève en Jean 14.17 ? _____

_____

_____

6. Que fait le Saint-Esprit en Jean 15.26 ?_____

_____

Que devaient faire à leur tour les disciples de Christ ? (Jean 15.27) _____

_____

7. Quelle œuvre merveilleuse le Saint-Esprit fera t-il dans le monde ? (Jean 16.8-11) _____

Raconte la fois où le Saint-Esprit t'a convaincu. _____

_____

_____

8. Quelle œuvre merveilleuse le Saint-Esprit fera t-il parmi les disciples ? (Jean 16.13-14) _____

Raconte la fois où tu as été guidé par le Saint-Esprit. _____

_____

_____

9. James Moffat a traduit Jean 14.16 en ces termes : « pour vous donner une autre aide. » Comment le Saint-Esprit va-t-il nous aider, selon :
    a. Romains 8.26 _____
    b. Actes 1.8 _____
    c. Actes 4.31 _____
    d. 2 Pierre 1.21 _____
    e. Romains 8.16 _____
Raconte la fois où le Saint-Esprit t'a aidé. _____

_____

_____

10. Quelle est la relation de chaque chrétien avec le Saint-Esprit ? (Romains 8.9)

_____

_____

_____

_____

_____

11. Quel autre besoin des chrétiens d'Éphèse Paul mentionne t-il dans sa prière ? (Éphésiens 3.16-19) _____

_____

_____

12. Qui est-ce qui s'est chargé de répandre ou de donner le Saint-Esprit aux premiers disciples ? (Actes 2.32-33) _____

_____

13. Comment Dieu est-il décrit ? (1 Pierre 1.15-16) _____

Qu'est-ce que Dieu attend de nous ? (1 Pierre 1.15-16) _____

14. Quelle est l'œuvre du Saint-Esprit qui nous rend saints (autrement : sanctifiés, purifiés, consacrés) ? (1 Pierre 1.2) _____

_____

15. Raconte la fois où tu as réellement désiré être sanctifié ? _____

_____

16. En Romains 8.9, le Saint-Esprit est appelé l'Esprit de Dieu. Dans ce passage, y a-t-il un autre nom attribué au Saint-Esprit ? _____

_____

A ton avis, pourquoi l'appelle-t-on ainsi ? _____

_____

Comment le Saint-Esprit a-t-il aidé Etienne à devenir comme Christ en Actes 7.54-60 ? _____

_____

_____

Compare précisément les paroles d'Etienne e Actes 7.60 à celles de Jésus en Luc 23.34. _____

_____

_____

_____

Raconte la fois où tu as vu le Saint-Esprit rendre une personne semblable à Christ. _____

_____

_____

_____

_____

_____

17. En tu basant sur ce que tu as appris dans cette leçon, qui est le Saint-Esprit, d'après toi ? _____

_____

18. Où veut habiter l'Esprit de Dieu, aujourd'hui ? (1 Corinthiens 3.16) _____

_____

# UN TÉMOIGNAGE

*Rees Howells, un laïc gallois (1879-1950), fondateur de l'Institut biblique du Pays de Galles était un homme de prière et un véritable intercesseur. Bien qu'il ait accepté Christ et était né de l'Esprit, il raconte la profondeur de sa rencontre avec le Saint-Esprit, laquelle a raffermi sa relation avec Dieu, d'une façon significative.*

Je l'ai vu comme une personne dépourvue de chair et de sang et il m'a dit « Tout comme le sauveur avait un corps, j'habite dans le temple purifié du croyant. Je suis une personne. Je suis Dieu et je viens te demander de me donner ton corps afin que je puisse œuvrer par toi. J'ai besoin d'un corps pour mon temple (1 Corinthiens 6.19), mais il doit m'appartenir sans réserve, car deux personnes ayant des volontés différentes ne peuvent pas vivre dans le même corps. Me donneras-tu le tien ? (Romains 12.1). Mais si j'entre, je viens en tant que Dieu et tu dois mourir (Colossiens 3.2, 3). Je ne cohabiterai pas avec toi. »

Il m'a dit très clairement qu'il ne partagerait jamais ma vie. Je vis l'honneur qu'il me faisait en m'offrant de demeurer en moi. Mais, il y avait beaucoup de choses auxquelles je tenais énormément et je sus qu'il ne garderait aucune d'entre elles. Le changement qu'il voulait opérer était très clair. Cela signifiait que chaque parcelle de ma nature déchue devait aller à la croix afin qu'il puisse apporter sa propre vie et sa propre nature.

19. Quelle est l'idée principale que tu tires de ce témoignage ? _____

_____

_____

Réfléchis sur certains aspects du Saint-Esprit.

Le Saint-Esprit est une aide. *Il veut te venir en aide.*

Le Saint-Esprit est l'Esprit de Christ. *Il veut te rendre semblable à Jésus.*

Le Saint-Esprit est Dieu. *Il est capable.*

La Bible te révèlera encore beaucoup de choses sur le Saint-Esprit et sur son œuvre en faveur des hommes. Le livre des Actes parle beaucoup de l'œuvre du

Saint-Esprit. Chacune de ces études bibliques contient des questions sur le livre des Actes et sur d'autres livres de la Bible. Pourquoi ne pas lire chaque jour au moins, un chapitre du livre des Actes, pendant ces études ? Découpe le verset à mémoriser de chaque leçon, garde-le dans ta poche pour t'aider à mémoriser.

La Bible existe en plusieurs versions françaises. Les versets à mémoriser sont traduits selon la version *Louis Segond* (LS) et la version *Français Courant* (FC). Choisis celle qui te convient le mieux.

Maintenant, tu comprends mieux qui est le Saint-Esprit. Et pourtant, il y a tant à découvrir concernant l'œuvre qu'il va faire dans ta vie. Es-tu prêt à apprendre plus ?

## VERSET À MÉMORISER

Et moi, je prierai le Père, et il vous donnera un autre consolateur, afin qu'il demeure éternellement avec vous, l'Esprit de vérité, que le monde ne peut recevoir, parce qu'il ne le voit point et ne le connaît point ; mais vous, vous le connaissez, car il demeure avec vous, et il sera en vous.

Jean 14.16-17 (LS)

# LEÇON 2
# LE SAINT-ESPRIT DANS LA VIE DU CHRÉTIEN

La vie chrétienne n'est possible que si une personne est « née de l'Esprit » (Jean 3.5, 8). Chaque chrétien a le Saint-Esprit. Examinons nos privilèges spirituels.

1. Même si un chrétien n'est pas encore rempli de l'Esprit, quelle est la relation minimale qu'il peut avoir avec le Saint-Esprit ? (Romains 8.9) _____

_____

2. Lis Jean 3.1-15

   a. Quel était le statut religieux de Nicodème (Jean 3.1-2) _____

   _____

   b. D'après Jésus, quelle est la plus minime des exigences pour entrer dans le royaume de Dieu ? (Jean 3.3) _____

   _____

   c. Quel rôle le Saint-Esprit joue t-il dans la nouvelle naissance ? (Jean 3.5-6)

   _____

   _____

   d. A quoi compare-t-on le fait d'être « né de L'Esprit » et pourquoi ? (Jean 3.8)_____

   _____

   e. Que peut-on faire pour vivre cette expérience de la naissance spirituelle ? (Jean 3.15 et Jean 1.12) _____

   _____

   f. La nouvelle naissance signifie une nouvelle vie. Quelles choses nouvelles Dieu a-t-il accomplies dans ta vie, qui prouvent qu'elles sont le fruit de la naissance de l'Esprit ? _____

   _____

   _____

      (1) dans ton amour _____

      (2) dans ton obéissance _____

      (3) dans ta victoire _____

      (4) dans tes relations _____

      (5) dans ton attitude par rapport au péché _____

   _____

3. L'Évangile de Jean nous parle d'une naissance de l'Esprit ou nouvelle naissance. Tu as décrit les voies dans lesquelles Dieu t'a renouvelé. Plus tard, dans le Nouveau Testament, Jean écrit encore parlant des nouvelles voies dans la nouvelle vie. Quelles sont-elles ?

   a. 1 Jean 4.7-8 _____

   b. 1 Jean 2.3 _____

   c. 1 Jean 4.4 et 5.4-5 _____

   d. 1 Jean 4.13 _____

   e. 1 Jean 5.18 _____

4. Parmi ces voies, quelles sont celles où tu as vraiment besoin d'aide ? _____

   _____

   Laquelle te paraît plus facile ? _____

   _____

5. Si le chrétien péchait malgré la promesse de la victoire sur le péché, que devrait-il faire ? (1 Jean 2.1-2) _____

   _____

6. Comment peux-tu savoir que tu es un enfant de Dieu ? (Romains 8.16) ___

   _____

   Comment s'est déroulé ton expérience en tant qu'enfant de Dieu ? _____

   _____

7. Quel autre privilège le Saint-Esprit t'accorde-t-il en tant qu'enfant de Dieu ? (Romains 8.14) _____

   _____

   Raconte une de tes expériences pour illustrer cela. _____

   _____

   _____

8. Quel avertissement nous donne-t-on au sujet du Saint-Esprit dans Éphésiens 4.29-30 ? _____

   _____

   _____

   Comment cette vérité t'a-t-elle aidé à mieux comprendre la personne du Saint-Esprit ? _____

   _____

   _____

9. De quelle manière Paul a parlé de la naissance de l'Esprit dans Éphésiens 2.5, 8-10 ? _____

   _____

10. Où habite le Saint-Esprit ? (Éphésiens 2.22) _____

_____

11. Quelle prière Paul a fait pour les chrétiens d'Éphèse ?
    a. Dans Éphésiens 3.16_____

    _____

    b. Dans Éphésiens 3.19_____

    _____

12. Qu'est ce qui t'encourage à croire que cette prière sera exaucée dans ta vie ?
    (Éphésiens 3.20-21) _____

    _____

13. Pierre avait renié Christ lors de la crucifixion. Quand Jésus lui est apparu après
    sa résurrection, il l'a rétabli dans la position qu'il occupait. Qu'est ce qui est
    arrivé plus tard à Pierre et qui lui a donné le pouvoir de devenir un dirigeant
    de l'église primitive ? (Actes 1.8, 2.2-4, 4.8) _____

    _____

    Quelle était la preuve de la puissance de sa prédication ? (Actes 2.41) _____

    _____

    As-tu déjà ressenti le désir d'être spirituellement fort ? _____

14. Quelle est la promesse du Saint-Esprit que Pierre a réitéré à la foule qui l'écou-
    tait ? (Actes 2.38-39) _____

    _____

    _____

    A nous ? _____

    _____

    _____

    Qu'est ce qui doit se passer d'abord ? (Actes 2.38) _____

    _____

15. Ce qu'on pourrait appeler le premier conseil de l'église locale est inspiré de
    Actes 6.3. Parmi tous les frères en Christ, seulement quelques-uns devaient
    être choisis. Quelles qualités devaient-ils avoir ? _____

    _____

    Cite le nom d'un chrétien que tu connais ayant ces qualités. _____

    _____

16. Donc, comment savoir que Christ vit en nous ? (l Jean 3.24) _____

    _____

# UN TÉMOIGNAGE

Charles Colson, adjoint du Richard Nixon, président des États-Unis de 1969 à 1974, plaida coupable pour les crimes liés au scandale du Watergate et fut condamné à l'emprisonnement. Mais, ce qui importe par-dessus tout, c'est qu'il accepta Christ et fut né de nouveau. Il est devenu un pionnier de la réforme carcérale et des causes chrétiennes. Colson a connu Christ par le biais de Tom Philips, qui avait fait ce témoignage à Colson.

Apparemment, tout m'importait peu. Tout était superficiel. Tous les biens matériels de la vie ne signifient rien si un homme ignore leur fondement. Un soir, alors que je me trouvais à New York pour affaires, j'appris que Billy Graham faisait une campagne d'évangélisation. Je m'y rendais par curiosité, sans doute, dans l'espoir d'obtenir des réponses. Ce soir là, toutes les paroles de Graham me permirent d'y voir plus clairement. Je venais de trouver la raison du vide qui était en moi, j'avais besoin d'une relation personnelle avec Jésus Christ car je ne l'avais jamais invité dans ma vie ni même fais confiance quant à ma vie. Ce que je fis ce soir là même, pendant la tournée. J'invitais Christ dans ma vie et je sentais sa présence en moi. Sa paix me remplissait. Je pouvais sentir son Esprit présent en moi. Après cela, je sortais faire un tour dans les rues de New York. Je n'aimais pas New York avant, mais ce soir là, je la trouvais magnifique. J'imagine que j'ai dû parcourir des distances. Tout me paraissait différent. Il tombait une fine pluie et les lumières de la ville créaient un éclairage doré. Il m'était arrivé quelque chose et j'en étais conscient.

17. Que t'inspire ce témoignage ? _____

_____

Le Saint-Esprit de Dieu agit en toi, et te fait connaître Christ. Il te donne le renouvellement, la présence, l'assurance, la direction de l'Esprit. Cependant, des problèmes spirituels demeurent, malgré ce que le Saint-Esprit a commencé. Tu comprendras mieux lorsque tu auras étudié la leçon suivante.

# VERSET À MÉMORISER

Celui qui garde ses commandements demeure en Dieu, et Dieu en lui ; et nous connaissons qu'il demeure en nous par l'Esprit qu'il nous a donné.

1 Jean 3.24 (LS)

# LEÇON 3
# UN PROBLÈME ...
# LA RÉPONSE

Ta nouvelle vie en Christ a peut être bien commencée puis
tu as rencontré une difficulté. Si nous parvenions à connaître
la cause du problème nous pourrions peut être trouver le moyen de le résoudre.

1.  Quel était l'état spirituel des disciples de Christ avant la Pentecôte (correspon-
    dant à l'effusion et au don total du Saint-Esprit) ?
    a.  Luc 10.20 _____
    b.  Jean 17.14 _____
2.  Cependant, comment comprends-tu l'attitude des disciples ?
    a.  Luc 9.53-54 _____
    b.  Luc 22.24 _____
3.  Quelle attitude Jésus attendait-il de ses disciples ? (Luc 22.26) _____
    _____
4.  Quelle prière Jésus a t-il fait pour ses disciples à la fin de son ministère terrestre ?
    (Jean 17.17-19) _____
    _____
    Qu'a t-il prié pour toi ? (Jean 17.17-20) _____
    _____
    _____
5.  Lis Galates 5.13-26.
    a.  Quel était le problème ou le combat spirituel des chrétiens de Galates ?
        (Galates 5.17) _____
        _____
    b.  Comment un Chrétien peut-il répondre à l'attente de Dieu ?
        (1) Qu'est-ce qui résume la loi ? (Galates 5.14) _____
        _____
        (2) Quel est le premier fruit ou la première moisson que produit l'Esprit ?
        (Galates 5.22) _____
        _____
        (3) Donc, quelle est ta relation avec la loi ? (Galates 5.18) _____
        _____

c.  Que doit-on faire de la nature pécheresse (« la chair » selon le Segond) qui est contraire à l'Esprit (Galates 5.17), selon 5.24 ? _____

_____

d.  Fais un dessin pour illustrer ce qui se passe dans ton cœur et ta vie en ce moment, c'est-à-dire ton combat spirituel ou bien ta victoire.

e.  Si ta « nature pécheresse » ou ta « chair » était crucifiée, quelles conséquences cela aurait-il sur ta vie ? _____

_____

6.  Quel était le témoignage personnel de Paul ? (Galates 2.19-20) _____

_____

Qui était le maître de sa vie ? _____

_____

7.  Quel est le secret d'une victoire durable ? (Galates 5.25) _____

_____

Comment se manifesterait-elle dans ta vie ? _____

_____

8.  Quel était le niveau de croissance spirituelle des Thessaloniciens ?
(1 Thessaloniciens 1.4-10) _____

_____

Quel problème avaient-ils ? (1 Thessaloniciens 3.10 et 4.3)_____

_____

Donc, à quel sujet Paul prie t-il pour eux ? (l Thessaloniciens 5.23-24)_____

_____

9.  Qu'est-ce que Dieu attend des chrétiens ? (Hébreux 12.14) _____

_____

10. Qu'est-ce qui se cache derrière des actes de péché volontaires ?
a.  Éphésiens 2.2-3, surtout au verset 3 _____

_____

b.  Dis en quoi Jacques 4.8 t'a aidé à comprendre le problème. _____

_____

11. Lire Romains 6-8

  a. Qu'est ce que Christ a pourvu pour nous ? (Romains 6.6) _____
  _____

  b. Quel est le pas de la foi qu'un chrétien doit faire pour exercer les dispositions de Christ ? (Romains 6.11) _____
  _____

  c. Identifie les « lois » dont parle Paul en Romains 7.22-23.
     (1) _____
     (2) _____
     (3) _____
     (4) _____

  d. Quelle était la réponse de Paul à son propre problème et combat ? (Romains 8.2)_____
  _____

  e. Quelle est la loi dominante dans ton expérience actuelle ? _____
  _____

12. Bien que l'Esprit nous affranchisse de la « loi du péché et de la mort » (Romains 8.2), que fait-il de notre faiblesse ? (Romains 8.26) _____
_____

13. Quelle est la nature du combat en Éphésiens 6.12-13 et dans quelle mesure, est-il différent du combat de l'Esprit et de la chair décrite en Galates 5.17 ? _
_____

14. Il y a quelques instants, tu avais manifesté un certain intérêt pour l'attitude des disciples en Luc 9.53-54 et Luc 22.24 dans la deuxième question. Quel est l'état spirituel de certains de ces mêmes disciples en Actes 4.31 ? _____
_____

Quelles attitudes et comportements ont-ils adopté en Actes 4.32-35. _____
_____

## UN TÉMOIGNAGE

Evelyn Wirt a travaillé pour l'organisation de Billy Graham, en tant qu'éditeur du magazine *Decision*. Quand le réveil canadien qui commença à Saskatchewan en 1971, s'est propagé dans tous les Etats-Unis, il n'eut aucune influence sur Wirt. Bien qu'étant leader chrétien, Wirt confessa ses conflits intérieurs, puis la solution divine.

Le Saint-Esprit avait utilisé un solvant divin pour dissoudre l'amertume de mon cœur, dit Wirt. Je devais y réfléchir.

Cela avait marché pour eux après vingt années. Qu'en est-il de nous ? Notre mariage durait depuis trente ans. On peut le dire, nous nous sommes plutôt bien arrangés. Mais, commence à contrefaire un objet qui a fonctionné pendant longtemps et on verra s'il ne risque pas de se détériorer. Réviser un vieux moteur pourrait être une bonne idée, mais remettre un mariage en bon état ? C'est tout autre chose.

Néanmoins, ces propos tenus en ma présence avaient laissé leur empreinte en moi. Si seulement les souvenirs pouvaient disparaître. Chaque jour, un vieux souvenir ressurgissait du passé pour me rappeler un événement triste qui avait eu lieu le long du chemin de la vie.

Rongée par le désespoir, je repassais dans ma tête tous les clichés de la belle vie dont j'avais entendu parler et qui avait pris le pas sur les autres.

« Sachez pardonner. » Le problème est que je ne pouvais pas oublier. Je prenais un grand plaisir à me remémorer tous les abus dont j'avais été victime.

« Réparez ces choses. » J'ai essayé, mais les choses se sont gâtées.

« Enterrez la hache de guerre. » Je l'ai fait mais connaissant le lieu où elle était enterrée, je n'ai pas pu m'empêcher de la déterrer.

« Jetez-la dans la mer de l'oubli. » Ces mots résonnaient dans ma tête comme une cymbale sonore. En fait, c'était une mer imaginaire que je n'ai trouvée sur aucune carte géographique.

« Acceptez la situation. » Je connaissais cet aspect de la cure d'âme pastorale.

Malheureusement, ce médecin ne pouvait pas se guérir lui-même. Je crois que j'avais non seulement accepté la situation, mais j'étais plongée et absorbée dedans sans aucun moyen d'en sortir. Et maintenant, on me demandait de renoncer ; que toutes ces blessures se cicatriseraient dans une solution d'amour et la hache se détruirait d'elle-même. J'avais commencé depuis des années à mettre l'Évangile en pratique dans ma vie personnelle et intérieure. Pendant des années. J'ai cherché du secours dans la Bible.

Dans la lettre de Paul aux Éphésiens, j'ai trouvé ce verset : « Que toute amertume, toute animosité, toute colère ... disparaissent du milieu de vous » (Éphésiens 4.31). Quelqu'un d'autre allait devoir le faire ; cela était au-dessus de mes forces.

En Isaïe 61, j'ai lu ceci : « l'Esprit du Seigneur, l'Eternel, est sur moi, ... pour leur donner un diadème au lieu de la cendre, une huile de joie au lieu du deuil, un vêtement de louange au lieu d'un esprit abattu » (LS). Était ce donc ce solvant ; l'huile de joie que l'on reçoit du Saint-Esprit. La joie était ce qui semblait manquer à ma vie. O ! J'avais de la joie dans le seigneur. J'aimais penser à Christ. Mais, la joie était absente dans les autres domaines de ma vie ? En lieu et place, c'était un esprit d'abattement. Un boulet. J'avais l'impression de me tenir le long d'un canal géant au milieu du désert. Je pouvais entendre l'eau couler à l'intérieur comme si elle allait vers une source lointaine ; mais, elle ne pouvait pas étancher ma soif, et j'ignorais par quel chemin y parvenir. Alors je me suis tournée vers le Seigneur et il m'a écouté. Il a entendu ma plainte non pas au sujet des autres cette fois ci, mais à propos de moi-même.

Évidemment, il est facile de prononcer des paroles et Dieu le sait aussi. Mais quand je lui ai dit que je renonçais au trône de ma vie (c'est-à-dire ma vie chrétienne), quand je lui ai dit que mon ego était détrôné et forcé à l'exil ; quand je lui ai demandé de me crucifier, il a accepté ma requête et exaucé ma prière. Au moment qu'il choisit et selon sa volonté, il envoya un solvant divin dans ce cœur troublé. C'était comme la chaleur du soleil brûlant les couches de brume. J'ignore au juste comment l'amour est arrivé dans mon cœur, mais je sais que toute l'amertume que j'avais contre les autres, y compris mes proches, avait disparu. La haine, l'hostilité, les chagrins, pour ne citer que ceux là, tous s'étaient dissous. Ils s'étaient évaporés. Disparus.

15. Quelle est ta réponse à ce témoignage ? _____

_____

Le chrétien, né de l'Esprit découvre le problème. Il sait que « la chair » s'oppose à l'Esprit. Cependant, la nature pécheresse peut être crucifiée ! Il découvre peut-être que « la loi du péché est dans ses membres » (Romains 7.23). Mais « la loi de l'Esprit de vie (8.2) peut l'affranchir ! Oui, le privilège du chrétien est d'être rempli de l'Esprit. Tu trouveras une explication beaucoup plus détaillée dans la prochaine leçon.

## VERSET 'A MÉMORISER

Ceux qui sont à Jésus Christ ont crucifié la chair avec ses passions et ses désirs.

Galates 5.24 (LS)

# LEÇON 4
# REMPLI DE L'ESPRIT, ENTIÈREMENT SANCTIFIÉ

Après avoir résolu le conflit intérieur de ton âme (ce qu'on a appelé la guerre civile interne) au profit du contrôle total de l'Esprit, le croyant a le privilège d'être rempli de l'Esprit. La Bible appelle cette nouvelle et profonde relation avec Dieu l'entière sanctification.

1. De quelle nouvelle façon Dieu devait-il traiter les hommes selon la prédication du prophète Jérémie ? (Jérémie 31.33) _____

2. Quel message Philippe a-t-il prêché aux Samaritains (Actes 8.4-8, surtout le verset 5) _____

   Qu'est ce que les apôtres de Jérusalem ont fait quand ils ont appris que la Samarie avait reçu la parole de Dieu ? (Actes 8.14-17) _____

3. Qu'est-ce que Paul a demandé dans sa prière, pour les chrétiens d'Éphèse ? (Éphésiens 3.16-19) _____

4. Christ a confié à ses disciples l'immense tâche de témoigner et de prêcher son évangile. Que leur a-t-il dit de faire pour se préparer à cette tâche ? (Luc 24.48-49) _____

   Comment a-t-il décrit plus loin la promesse du Père ? (Actes 1.4-5) _____

   Que ferait l'Esprit pour eux ? (Actes 1.8) _____

5. Quel changement les chrétiens de Corinthe ont connu dans leurs vies ? (1 Corinthiens 6.9-11, surtout le verset 11) _____

On se réfère souvent à la parole « sanctifiés », utilisée pour faire leur description au verset 11, comme étant l'explication de « la sanctification initiale ». Qu'est ce qui indique ici que les corinthiens faisaient jusque là face, à un grave problème spirituel et qu'ils avaient besoin d'une relation profonde et totale avec Dieu ? (1 Corinthiens 3.1-3) _____

_____

En 2 corinthiens 7.1, à quoi Paul exhorte t-il les corinthiens afin de répondre à leur besoins ? _____

6. As-tu déjà désiré ardemment vivre une profonde communion avec Dieu ?

_____

Dis comment Dieu a œuvré dans ta vie pour répondre à ce besoin ? _____

_____

7. Quelles descriptions de la vie spirituelle des saints du Nouveau Testament, nous donne t-on, ci-après ?
   a. Pierre (Actes 4.8) _____
   b. Saul (Paul) (Actes 9.17 et 13.9) _____
   c. Barnabas (Actes 11.24) _____
   d. Comment décrirais-tu une personne remplie de l'Esprit ? _____

_____

8. Outre les expressions « rempli de l'Esprit » et « entièrement sanctifié » d'autres sont utilisées pour décrire la vie entièrement soumise, purifiée, et contrôlée. Quelles sont ces autres expressions ?
   a. Matthieu 5.8 _____
   b. 1 Jean 4.17-18 _____
   c. Hébreux 4.9-11 _____
   d. Hébreux 6.1 _____
   e. Romains 6.18 _____
   f. Lesquelles de ces expressions agissent puissamment sur toi et pourquoi ?

_____

_____

9. Cite quelques avantages d'être rempli de l'Esprit.
   a. Actes 4.31-32 _____
   b. Actes 6.5, 8 et 7.55, 59-60 _____
   c. Romains 15.13 _____

10. Quelle est l'œuvre merveilleuse du Saint-Esprit selon ces versets :
    a. Romains 15.16 _____
    b. 1 Pierre 1.2 _____

11. En 1 Thessaloniciens 1.3-8 les chrétiens de Thessalonique sont décrits en termes glorieux.

   a.  Cependant il leur manquait des choses. Lesquelles ? (1 Thessaloniciens 3.10-13) _____

   _____

   b.  Quelle était la volonté de Dieu pour eux ? (1 Thessaloniciens 4.3, 7)

   _____

   c.  Que signifiait le rejet de ce précepte ? (I Thessaloniciens 4 :8) _____

   _____

   d.  Dans quelle intention Paul a-t-il prié pour eux ? (1 Thessaloniciens 5.23-24) _____

   e.  Qui sanctifie ? (1 Thessaloniciens 5.23) _____

   _____

   f.  Comment Paul qualifie cette sanctification ? (1 Thessaloniciens 5.23)

   _____

   g.  Outre la sanctification, que demande-t-il dans sa prière ? (1 Thessaloniciens 5.23)_____

   _____

   h.  Sur quoi devrais-tu baser ton assurance que Dieu répondra à ta requête en t'accordant l'entière sanctification ? (1 Thessaloniciens 5.24) _____

   _____

12. Lire Éphésiens 5.15-21.

   a.  Quel est l'ordre donné aux chrétiens en Éphésiens 5.18 ? _____

   _____

   b.  Pourquoi la plénitude de l'Esprit est-elle opposée au fait d'être ivre de vin ?

   _____

   _____

   c.  En Éphésiens 5.18 nous voyons que la phrase « soyez remplis » est au temps présent qui veut dire « demeurez remplis ». Qu'est ce que cela signifie pour toi ?_____

   _____

   d.  Si nous sommes remplis de l'Esprit et que nous demeurons remplis de l'Esprit, nous aurons besoin de canaux pour écouler normalement ce que nous avons reçu. Ces canaux sont :
   (1) Éphésiens 5.19 _____
   (2) Éphésiens 5.20 _____
   (3) Éphésiens 5.21 _____

13. Quand Jésus enseignait à ses disciples comment recevoir le Saint-Esprit en Luc 11.13, il avait posé une simple condition. Laquelle ? _____

_____

## UN TÉMOIGNAGE

Quand Oswald Chambers était arrivé au terme de son ministère en 1917, il était alors âgé d'une quarantaine d'années. Pourtant, son livre *Tout pour qu'il règne*, continue d'avoir un puissant impact spirituel jusqu'à nos jours. Chambers avait connu Christ comme sauveur, quand il n'était qu'un petit enfant, et pendant des années, il vécut dans la présence du seigneur. Ce fut au temps où il enseignait à l'université de Dunoon qu'il entendit Frederick Meyer parler du Saint-Esprit. Plus tard Chambers a réclamé le don du Saint-Esprit en se référant à Luc 11.13. Il fit ce témoignage.

Je n'avais aucune vision du ciel ni des anges. Je ne savais rien. J'étais un homme insensible et insignifiant, comme jamais je ne l'ai été, sans aucune puissance ni connaissance de Dieu, sans le témoignage du Saint-Esprit. Ainsi, lors d'une réunion, j'ai prêché et quarante âmes se sont avancées vers l'autel. Ais-je loué le Seigneur ? Non, j'étais terrifié et je les ai laissées aux ouvriers pour aller voir M. MacGregor (un ami) à qui je racontais tout ce qui m'était arrivé. Il me dit : « ne te rappelles-tu pas avoir réclamé le don du Saint-Esprit dans la parole de Jésus qui a dit que tu recevras une puissance ? » C'est la puissance venue d'en haut, et puis comme un flash, j'ai ressenti quelque chose au tréfonds de moi et réalisé que j'avais reçu la puissance entre mes mains afin de parler et ainsi, de témoigner : Regardez ce que j'ai reçu en déposant toute ma vie sur l'autel.

Si j'ai connu l'enfer les quatre années précédentes, ces cinq dernières années ont été pour moi le paradis sur terre. Gloire à Dieu ! le dernier douloureux bastion du cœur humain a été rempli de l'amour débordant de Dieu. L'amour est le commencement, l'amour est le milieu et l'amour est la fin. Quand l'amour entre dans ta vie, tout ce que tu vois, c'est Jésus seul et Jésus toujours.

Quand tu considères ce que Dieu a fait pour toi, le pouvoir et la tyrannie du péché disparaissent et la liberté radieuse et ineffable de la présence de Christ prend la place. Quand tu vois des hommes et des femmes qui devraient être des princes et des princesses avec Dieu, liés par le spectacle des choses de la vie, oh ! tu commences à comprendre alors, ce que l'apôtre voulait dire en déclarant qu'il souhaitait être, lui-même, maudit de Christ afin que les hommes soient sauvés !

Il n'est pas étonnant que je parle beaucoup d'un changement de disposition : Dieu a changé la mienne ; et j'étais présent quand il le faisait.

14. Quelle est ta réponse à ce témoignage ? _____

_____

Quelle joie ! Il est possible d'être rempli de l'Esprit. Il est possible d'être entièrement sanctifié. Une joie parfaite ! Comment recevoir la plénitude de l'Esprit, est le sujet de la prochaine leçon.

## VERSET À MÉMORISER

Ne vous enivrez pas de vin : c'est de la débauche. Soyez, au contraire, remplis de l'Esprit

Ephésiens 5.18 (LS)

# LEÇON 5
# COMMENT ÊTRE
# REMPLIE DE L'ESPRIT

Tu désires être rempli de l'Esprit et être entièrement sanctifié. Voyons comment.

1. Quelles sont les dispositions de Dieu par lesquelles le croyant peut être sanctifié, ou rendu saint, ou purifié de tout péché ?
   a. Hébreux 10.10 _____
   b. Hébreux 10.14 _____
   c. Hébreux 13.12 _____
   d. Éphésiens 5.25-26 _____
2. Quel mode de vie Jésus attend-t-il de ses disciples ? (Jean 12.24-25) _____
   _____

   Dans quelle mesure ta vie reflète-t-elle ce modèle ? _____
   _____

3. Lire 1 Jean 1.7
   a. Qu'est ce qui nous purifie ? _____
   b. De combien de péchés ? _____
   c. Quelle est la condition requise pour être purifié ? _____
   d. Que signifie pour toi « marcher dans la lumière » ? _____
      _____

4. Quel est le groupe qui est habilité à recevoir la plénitude de l'Esprit ou l'entière sanctification ?
   a. Actes 5.32 _____
   b. Jean 17.14, 17 _____
   c. 1 Thessaloniciens 1.6 et 5.23-24 _____
      _____

   d. Qu'elle est la condition que tu dois remplir pour recevoir la plénitude de l'Esprit et l'entière sanctification ? _____
      _____

5. Qui est ce qui rend effectif ou produit cette œuvre de sanctification ? (Romains 15.16)_____
   _____

6. Quel commandement Jésus avait-il donné aux disciples ? (Actes 1.4-5) _____
   _____

Jusqu'où étaient-ils intéressés par le baptême de l'Esprit ? (Actes 1.12-14)

_____

_____

Quel enseignement Jésus avait donne à ceux qui priaient pour le don de l'Esprit ? (Luc 11.13 et 11.9-10) _____

_____

Quelles preuves montrant ton intérêt as-tu données avant d'être rempli, ou donnes-tu présentement afin d'être rempli de l'Esprit ? _____

_____

7.  Lis Romains 6.13. Comment sais-tu que ces individus étaient déjà des chrétiens ? _____

_____

_____

Néanmoins, que leur recommande-t-on vivement de faire ? _____

_____

8.  Lis Romains 12.1-2. Qu'est ce qui montre que ces gens étaient déjà des chrétiens ? _____

_____

Qu'est-ce qu'on les exhorte à faire de leurs corps ? _____

_____

Quelle était ou quelle serait la signification de ces mots : « offrir ton corps comme un sacrifice vivant à Dieu » ? _____

_____

9.  Quand les disciples sont remplis de l'Esprit, combien de temps cela dure-t-il ?
    a.  Actes 2.4 _____
    b.  Actes 8.15-17 _____

10. Qui fait l'œuvre de sanctification ? (1 Thessaloniciens 5.23) _____

_____

11. Quelle est la condition habituelle pour recevoir la plénitude de l'Esprit ou l'entière sanctification ?
    a.  Actes 26.18 _____

_____

    b.  Galates 3.14 _____

_____

    c.  1 Thessaloniciens 5.23-24 _____

_____

d.  En 1 Thessaloniciens 5.23-24, quelle est ta part ? _____

_____

Quelle est la part de Dieu _____

_____

## UN TÉMOIGNAGE

Après sa conversion Stanley Jones a connu une grande joie pendant une année entière. Ensuite, la mauvaise humeur, la morosité et les conflits intérieurs commencèrent à naître dans son cœur. Le sens général de la vie était la victoire, mais il y avait ces intrusions agaçantes. Voici son témoignage.

J'étais en crise. Je me trouvais dans une impasse à cause de ce combat intérieur. Et puis grâce à un livre, je trouvai une issue à ce conflit. Quand je l'ai pris à la bibliothèque, j'ai pressenti que c'est le destin qui m'avait dirigé vers ce livre. J'ai ressenti une sorte de picotement à travers tout mon corps, un picotement d'anticipation. Le destin m'avait fait prendre ce livre, car il a changé ma vie et m'a aidé à résoudre la crise que je traversais. J'ai commencé à lire *Le secret d'une vie chrétienne heureuse* de Hannah Whitall Smith. Il parlait d'une victoire totale gagnée uniquement pour l'homme. En le lisant, mon cœur pétillait de désir. Je ne le lisais pas, je le dévorais. A la quarante deuxième page de ma lecture Dieu me parla.

« Maintenant, le moment est venu de trouver, dit il.

— Seigneur ! je plaidais, je ne sais pas ce que je veux. Ce livre est entrain de me le dire. Laisse-moi lire le livre d'abord, et ensuite je pourrai chercher avec intelligence.

— C'est maintenant que tu dois trouver ».

La voix était impérieuse. J'ai essayé de continuer la lecture, mais les mots étaient devenus flous. Je vis que j'étais en lutte avec Dieu. Alors j'ai fermé le livre, je me suis a genouillé à côté de mon lit et j'ai parlé.

« Seigneur que vais-je faire maintenant ?

— Veux-tu te donner tout à moi ? il a répondu.

— Après un moment d'hésitation, j'ai répondu : Oui, Seigneur ! bien sûr que je le veux. Je veux me donner tout à toi, tout ce que je connais et tout ce que je ne connais pas !

— Alors il m'a dit, prends moi tout entier, prends le Saint-Esprit ».

Je fis une petite pause : mon tout en échange de son tout, mon tout c'était moi-même, son tout c'était lui-même, le Saint-Esprit. Je vis l'offre en un éclair. Je répondis avec empressement : « Je veux recevoir le Saint-Esprit ».

Je me suis relevé, sans aucune preuve, à part sa parole. Je suis sorti sur la simple promesse de cette parole. Son caractère était derrière cette parole. Je pouvais lui confier mon tout et je pouvais espérer tout recevoir de lui. J'ai fait le tour de ma chambre en répétant ma décision. Mes doutes commencèrent à disparaître. Je fis ce qu'Abraham avait fait quand les oiseaux étaient descendus pour disperser son sacrifice, il les a chassés.

J'ai fait le tour de la chambre en repoussant avec mes mains les doutes qui menaçaient d'envahir mon esprit. Et tout d'un coup je fus rempli, rempli du Saint-Esprit — vague par vague — il semblait me traverser comme un feu purificateur. Je marchais sur le plancher, des larmes de joie coulant sur mes joues. Je ne pouvais rien faire d'autre que le louer et le louer sans cesse. Je savais que ce n'était pas une émotion passagère ; le Saint-Esprit était venu demeurer en moi pour toujours.

12. D'après toi, quelle était la question la plus importante pour Stanley Jones dans la réponse de Dieu ? _____

_____

13. En étudiant cette leçon, tu as noté des thèmes récurrents qui désignent les personnes sanctifiées ou remplies de l'Esprit. Tu as noté :
    a.  La persévérance selon Actes 1.12-14 et Luc 11.9-10 (question 6).
    b.  La purification selon 1 Jean 1.7 (question 3).
    c.  La consécration selon Romains 6.13 (question 7) et Romains 12.1-2 (question 8).
    d.  La réclamation selon Actes 26.18 et Galates 3.14 (question 11).
    A présent, écris une requête de prière concernant ces domaines pour avoir la plénitude de l'Esprit dans ta vie ou une prière de remerciements pour avoir été rempli de l'Esprit. _____

_____

_____

_____

_____

_____

_____

    Qu'est-ce que Dieu a fait pour toi ? _____

_____

Loue Dieu pour ce qu'il a fait !

Une fois que tu es rempli de l'Esprit (ou entièrement sanctifié), il est important d'entretenir cette relation. Le chrétien doit donc marcher dans l'Esprit ou vivre dans l'Esprit. Cette relation exaltante et continue, sera l'objet de la prochaine leçon.

## VERSET À MÉMORISER

Que le Dieu de paix vous sanctifie lui-même tout entiers, et que tout votre être, l'esprit, l'âme et le corps, soit conservé irrépréhensible, lors de l'avènement de notre Seigneur Jésus Christ ! Celui qui vous a appelés est fidèle, et c'est lui qui le fera.

1 Thessaloniciens 5.23-24 (LS)

# LEÇON 6
# MARCHER SELON L'ESPRIT

Une fois qu'une personne est remplie de l'Esprit, une nouvelle qualité de vie commence. Ce n'est pas la fin, mais le début d'une exaltante domination de l'Esprit en tout temps. Galates 5.25 nous enseigne de « laisser l'Esprit nous diriger » (FC), et Romains 8.4 parle de « ceux qui marchent non selon la chair mais selon l'Esprit » (LS).

1. Lis Colossiens 1.21-23.

    a.  Qu'est ce que la mort de Christ a-t-elle apporté aux Colossiens ? _____

    _____

    b.  Comment Dieu les présente-t-il ? _____

    _____

    c.  Quelle est la condition pour jouir continuellement des faveurs de la mort

    de Christ ? (1.23) _____

    _____

2. De quelle relation positive va jouir la personne qui est morte à elle-même ? (Colossiens 3.3) _____

    _____

    A quoi ressemble la vie chrétienne quand elle est « cachée avec Christ en Dieu » ? _____

    Un leader chrétien faisait cette mise en garde : « Ne laissez pas le diable vous tenter au point de vous faire quitter votre refuge ». Que signifie ce conseil pour toi ? _____

    _____

3. En Romains 12.1, Paul nous exhorte à offrir nos corps —une fois pour toute— comme un sacrifice vivant. Quelle expérience Romains 12.2 nous recommande de faire continuellement ? _____

    _____

    _____

    Comment peux-tu être transformé par le renouvellement de ton esprit ? ___

    _____

    _____

4. En 1 Thessaloniciens 5.23, Paul prie Dieu de te sanctifier tout entier ? Quelle prière a-t-il faite et qui a un effet durable ? _____

    _____

    Qui te préserve ou te garde ? (1 Thessaloniciens 5.24) _____

    _____

    Comment Dieu préserve-t-il les personnes qu'il a sanctifiées ? _____

    _____

5. Quelles sont les expressions en Galates 5, qui indiquent une relation continue avec l'Esprit ?
    a. Galates 5.16 _____
    b. Galates 5.18 _____
    c. Galates 5.25 _____
    Quelle est l'expression qui revêt le plus de sens d'après toi et pourquoi ? ___

    _____

    _____

6. Lire Romains 8.1-4, 8-9.
    a. Qu'est ce que l'Esprit avait fait pour Paul ? (Au verset 2, l'expression « affranchi » est employée au passé, ce qui indique une action accomplie à un moment précis dans le temps.) _____

        _____

    b. Que faut-il faire pour accomplir les commandements de la loi en nous ? (Romains 8.4) _____

        _____

    c. Qu'est ce qui te protège contre le pouvoir de la chair ou la nature déchue ou la nature pécheresse ? (Romains 8.8-9) _____

        _____

    d. Quels doivent être les pratiques particulières qui démontrent que ta vie est sous le contrôle de l'Esprit ?
        (1) _____
        (2) _____
        (3) _____

7. Outre le fait d'être rempli de l'Esprit et de marcher selon l'Esprit, que peut-on faire au Saint-Esprit ?
    a. Actes 5.9 _____
    b. 1 Thessaloniciens 5.19 _____
    c. Éphésiens 4.30 _____

Que signifie « attrister le Saint-Esprit » ? _____

_____

8. Que fait le Saint-Esprit pour les hommes à part le fait de les remplir ?
   a. Actes 1.8 _____
   b. Romains 8.14 _____
   c. Romains 8.26 _____
   d. Actes 9.31 _____
   e. Actes 13.4 _____
   f. Actes 20.28 _____
   Peux-tu dire une chose que le Saint-Esprit a faite pour toi depuis qu'il t'a rempli ? _____

   _____

9. Selon 1 Jean 2.1-2, le péché ne doit point faire partie de ta vie chrétienne ; mais si tu pèches quand même, que devrais-tu faire ? _____

   _____

   Quelle est la promesse de purification permanente évoquée en 1 Jean 1.7 ? _

   _____

   Quelle est la nouvelle lumière que Dieu t'a apportée pendant ces trois derniers mois ? _____

   _____

10. Examine les passages suivants sur la plénitude de l'Esprit. Lesquels se réfèrent au moment de l'effusion de l'Esprit et lesquels se réfèrent à une relation continue avec le Saint-Esprit ?
    a. Actes 2.4 _____
    b. Actes 4.8 _____
    c. Actes 4.31 _____
    d. Actes 6.3 _____
    e. Actes 9.17 _____
    f. Actes 11.24 _____
    g. Actes 13.9 _____
    h. Actes 13.52 _____

11. En Actes 2.4 (voir 1.15 ; 15.8-9) et Actes 4.31 (voir 4.1 9-24) les personnes sont remplies de l'Esprit.
    a. Quelles sont les personnes remplies de l'Esprit dans chaque cas ? _____

    _____

    _____

b. Quelle différence y a-t-il entre les deux cas de plénitude ? _____

_____

c. Raconte la fois où tu as eu besoin ou reçu un renouvellement de l'Esprit

_____

_____

12. Qu'est-ce que Paul avait déjà résolu de faire ? (Philippiens 3.13) _____

_____

Vers quoi court-il ? (Philippiens 3.10-15) _____

_____

Qu'as-tu résolu de faire ? _____
Vers quoi cours-tu ? _____

13. Après avoir été rempli de l'Esprit et entièrement sanctifié, le chrétien a besoin d'entretenir une relation permanente avec Dieu, de marcher selon l'Esprit. Si quelque chose brise sa relation avec Dieu, le chrétien devrait chercher la restauration (1 Jean 2.1).

## UN TÉMOIGNAGE

La vie de Hudson Taylor, missionnaire et fondateur de la Mission Chinoise Intérieure est à ce propos, un exemple pour nous. Il vint à Christ à l'âge de dix sept ans. Peu après sa conversion, il connut apparemment une seconde crise dans l'expérience de la sanctification. Cependant, après avoir consacré des années dans l'œuvre missionnaire, il était rongé par la mauvaise humeur et l'inquiétude. Il est sans doute plus facile de comprendre si nous disions qu'il renouvelait sa sanctification. Cependant, il mettait en pratique dans sa nouvelle victoire spirituelle une leçon apprise au cours des années. Voici son témoignage.

Ne changeons pas les paroles du Sauveur. Ce n'est pas « quiconque qui boit, mais celui qui boira » (Jean 4.14, LS). Il ne s'agit pas de boire une seule gorgée ni même de plusieurs, mais il s'agit d'une habitude permanente de l'âme. Le vrai sens en Jean 6.35 est aussi : « celui qui vient à moi n'aura jamais faim, et celui qui croit en moi n'aura jamais soif. » Il me semble que là où la plupart d'entre nous commettons l'erreur, c'est de nous abreuver au passé pendant que nous continuons d'avoir soif dans le présent. En effet, nous avons besoin de nous abreuver continuellement, oui, d'être reconnaissants pour chaque occasion qui nous est offerte, de boire encore, et encore, toujours boire, de l'eau de la vie.

14. Quel enseignement tires-tu de ce témoignage ? _____

_____

_____

15. Quelles sont d'après toi, les trois choses essentielles pour marcher selon l'Esprit ?

a. _____

b. _____

c. _____

Un chrétien rempli de l'Esprit et qui marche selon l'Esprit doit connaître les limites du travail de l'Esprit dans sa vie. Il y a des choses réservées pour le ciel. Nous examinerons ces questions dans la leçon suivante.

## VERSET À MÉMORISER

Et cela afin que la justice de la loi fût accomplie en nous, qui marchons, non selon la chair, mais selon l'esprit.

Romains 8.4 (LS)

# LEÇON 7
# LES LIMITES SONT POUR MAINTENANT ET ENSUITE C'EST LE CIEL

Nom _____

Le chrétien rempli de l'Esprit et qui « marche selon l'Esprit » (voir Galates 5.16, 25) jouira d'une victoire spirituelle merveilleuse ; cette personne saura ce que veut dire voir « La justice de la loi —parfaitement accomplie » (Romains 8.4). Toutefois, il y a des limites à ce que Dieu fait pour le chrétien dans cette vie. Ne t'attends pas à ce que Dieu fasse au-delà de ce qu'il a promis : une vie de sainteté, remplie de l'Esprit. Il y a des choses réservées pour le ciel.

1. Lire Romains 8.2, 18-27.
    a. Qu'est ce que l'Esprit a-t-il fait pour Paul, selon Romains 8.2 ? _____
    _____

    b. Quel est l'état actuel du monde dans lequel nous vivons en tant que chrétiens ou bien quelle est notre expérience dans le monde ?
    (1) verset 18 _____
    (2) verset 20 _____
    (3) verset 22 _____
    c. Bien que l'Esprit nous ait affranchis de la loi du péché et de la mort, nous continuons de vivre dans un monde de souffrances, de frustrations et de gémissements. Néanmoins, dans ce monde ci, l'Esprit fera quelque chose d'autre pour nous. Laquelle ? (8.26) _____
    _____

    _____

2. Comment Dieu a-t-il utilisé la faiblesse dans la vie de Paul ? (2 corinthiens 12.9)
_____

_____

3. Quoique ayant servi d'exemple d'obéissance totale et n'ayant point commis de péché, (1 Pierre 2.21-22), Christ avait pourtant fait l'expérience de ses propres limites, des difficultés, de la douleur et de la souffrance qui faisaient partie de sa condition humaine. De la même manière, le chrétien entièrement sanctifié fera face à des difficultés et à des souffrances, aussi. Veuillez noter les limites ou les difficultés auxquelles Christ était confronté, dans les versets suivants :

a.  Matthieu 13 .57 _____

b.  Matthieu 26.38-40 _____

c.  Luc 4.1-2 _____

d.  Luc 19.45 _____

e.  Jean 11.35 _____

f.  Quelle expérience difficile avez-vous vécue et qui était conforme à celle de Christ ? _____

4.  Lire Hébreux 4.15.

    a.  Jusqu'où Jésus a-t-il été tenté ? _____

    b.  Quelle était sa réponse à la tentation ? _____

    c.  Quelle est la différence entre la tentation et le péché ? _____

5.  Quelle promesse Dieu te fait-il quand tu es tenté ? (1 Corinthiens 10.13) ___

6.  Comment le chrétien peut-il faire la distinction entre ce qui est juste et ce qui est injuste ?

    a.  1 Jean 2.6 _____

    b.  Éphésiens 5.10 _____

7.  La peur peut comporter un aspect de péché. Notre réponse face à la peur peut être soit empreinte de culpabilité soit une simple réaction humaine. Lis les passages au sujet de ces deux endroits où Pierre avait expérimenté la peur et indique laquelle des deux attitudes était coupable ou humaine. Pourquoi ? (Marc 14.66-71 et Actes 4.29-31) _____

8.  Quel était l'état spirituel de Paul en Actes 13.9 ? _____

A quel type de combat ou à quelle difficulté était-il confronté en Éphésiens 6.12 ? _____

En 2 Corinthiens 11.28 ? _____

D'après tes observations, à quel type de lutte ou de fardeau sont confrontées les personnes remplies de l'Esprit ? _____

_____

9.  Quel commandement Jésus a-t-il donné à ses disciples en Matthieu 5.48 ? _

    _____

    Lis Matthieu 5.43-47. Dans quels domaines de la vie doivent-ils être parfaits, qui signifie accomplir totalement le but pour lequel une chose a été conçue ?

    _____

    _____

    Comment cette insistance sur l'amour est-elle exprimée en Matthieu 22.37 ?

    _____

    _____

    Quel est le meilleur moyen d'éliminer la peur du jugement ? (1 Jean 4.17 -18)

    _____

    _____

    D'où vient l'amour ? (Galates 5.22) _____

    _____

    Que fait l'amour ? (Romains 13.9-10) _____

    _____

10. Une fois que le chrétien est rempli de l'Esprit et sanctifié, qu'est-ce Dieu attend de lui ?
    a.  Colossiens 1.22-23 _____
    b.  Galates 5.25 _____
    c.  Philippiens 4.8 _____
    d.  Un chrétien a les mêmes besoins qu'un homme normal : sociabilité, sécurité et sexe. Que doit-on faire de tels besoins ? (1 Corinthiens 9.27) _____

    _____

11. Quel est le prix de la souffrance, des épreuves ou des tribulations du chrétien ? (Romains 5.3-5) _____

    _____

12. Qu'attend-t-on de tous les chrétiens ? (2 Pierre 3.18) _____

    _____

13. Quelle est notre espérance dans le ciel ? (l Jean 3.2)_____

    _____

Que faisons-nous ici et maintenant pour nous préparer à ce moment ? (l Jean 3.3) _____

_____

14. Quels sont nos problèmes non encore résolus ici-bas et qui trouveront un remède au ciel ? (Apocalypse 21.4) _____

_____

A qui cette promesse est faite ? (Apocalypse 21.7) _____

_____

## UN TÉMOIGNAGE

Un chrétien rempli de l'Esprit est susceptible de connaître encore des problèmes, des tentations et des combats. Voici un des livres chrétiens qui a eu un grand impact sur le monde, *Le secret d'une vie chrétienne heureuse* de Hannah Whitall Smith. Elle a découvert ce secret dans sa propre vie, mais elle avoua être toujours confrontée à des conflits. Cependant, elle a découvert que ce combat est celui du Seigneur et non le sien. Voici son témoignage.

Je me suis convertie en 1856 à l'âge de vingt six ans. Le seigneur m'a accordé la grâce d'apprendre beaucoup sur la vérité. Mais mon cœur était encore troublé. Au bout de huit ans de vie chrétienne, j'étais forcée de reconnaître avec tristesse que je n'avais pas plus de pouvoir sur le péché qu'au début de ma conversion.

J'ai commencé à aspirer à la sainteté. J'ai commencé à gémir sous les liens du péché qui me retenaient toujours esclave. Mais, j'étais si convaincue que tous les efforts, les résolutions et les prières que je faisais ne seraient d'aucune utilité et j'étais en même temps si ignorante de toute autre voie, que j'étais presque sur le point de céder au désespoir. En cette période de profond besoin, Dieu me mit en compagnie de certaines personnes dont l'expérience était très différente de la mienne. Elles déclaraient avoir découvert une voie de sainteté à travers laquelle l'âme régénérée pouvait vivre et marcher dans une paix éternelle et être plus que vainqueur dans le Seigneur Jésus Christ.

Je leur ai demandé leur secret.

« Il faut simplement cesser tout effort personnel et placer sa confiance dans le seigneur afin qu'il nous sanctifie, ils m'ont dit.

—Quoi ! leur disais-je, vous voulez dire que vous avez complètement cessé tout effort personnel dans votre vie quotidienne et ne faites rien à part placer votre confiance dans le Seigneur ? Et maintenant ! Vous a-t-il vraiment rendus vainqueurs ? »

Telle une révélation, les possibilités glorieuses d'une vie comme celle-ci assaillirent mon esprit, mais l'idée était trop neuve et merveilleuse pour que je puisse y croire. Je n'avais jamais rêvé de confier au Seigneur cet aspect de ma vie et j'ignorais comment je devais m'y prendre. Je veillais des nuits entières dans la prière afin que Dieu puisse m'accorder cette bénédiction qu'il avait accordée à ces autres chrétiens. Ensuite, j'ai recommencé à sonder les Écritures. J'ai découvert que le salut qu'il a pourvu par sa mort est reconnu comme par fait et qu'il était capable de sauver jusqu'à l'extrême. J'ai vu qu'il s'est donné lui-même pour être ma vie et qu'il voulait entrer dans mon cœur et en prendre totalement possession et soumettre toutes choses à lui. Il s'est révélé à moi comme un sauveur parfait, total et présent et je me suis entièrement abandonnée entre ses mains. J'ai cru à la vérité qu'il était aussi bien ma sanctification pratique et ma justification, et mon âme avait enfin trouvé le repos.

Le secret de la sainteté m'a été révélé et ce secret était Christ. Mon âme est entrée dans ce repos secret ou « le repos du Sabbat — dont l'apôtre Paul parle — réservé au peuple de Dieu » (Hébreux 4.9). Non pas qu'il n'y ait plus de conflits, mais le combat n'est plus le mien, mais celui de Christ.

Quand ce secret de la foi m'a été révélé, j'ai commencé à croître ; et la consécration qui m'était impossible est devenue la joie même de mon cœur.

La foi, le repos, la fidélité, l'obéissance, toutes ces choses font parties de moi ; il fait tout le reste. Quelle hauteur et quelle profondeur de l'amour, quelle tendresse infinie dans le soin qu'il prodigue, quelle sage bonté dans la discipline, quelle grandeur dans le repos, quelles merveilles dans sa révélation, quelle force dans la faiblesse, quelle consolation dans la tristesse, quelle lumière dans les ténèbres, quel fardeau si léger j'ai trouvés, quel Dieu, quel sauveur, aucun mot ne peut le décrire !

15. Examine ta vie spirituelle.

   a. Quel aspect de ta vie serait-il injuste de demander à Dieu de résoudre ici bas ? _____

   _____

   b. Dans quel domaine de ta vie as-tu besoin de discipline ? _____

   _____

c.  Dans quel domaine voudrais-tu que Dieu t'accorde la victoire ? _____

_____

d.  Quel est le prochain pas que tu dois franchir pour obtenir la victoire ? __

_____

Le chrétien rempli de l'Esprit peut affronter la vie d'une manière réaliste. Quoique Dieu ne résolve pas tous les problèmes, il utilisera des moyens puissants pour œuvrer dans la vie. Voir la leçon suivante.

## VERSET À MÉMORISER

Il m'a dit : Ma grâce te suffit, car ma puissance s'accomplit dans la faiblesse. Je me glorifierai donc bien plus volontiers de mes faiblesses, afin que la puissance de Christ repose sur moi.

2 Corinthiens 12.9. (LS)

# LEÇON 8
# CE QUE LE JAINT-EJPRIT FERA A TRAVERS MOI

Le Saint-Esprit offre tellement de privilèges aux chrétiens.
Le chrétien est cependant obligé de continuer à vivre dans un
monde rempli de problèmes. Mais le même Saint-Esprit qui console et purifie le
cœur du chrétien accordera par sa puissance, des bénédictions, à travers lui.

1.  Note les références suivantes concernant ces saints dans Actes. Dis ce que l'Esprit a fait en eux et par eux.
    a.  en Pierre (4.8) _____
        par Pierre (4.9-12) _____
    b.  en Etienne (7.58) _____
        par Etienne (7.59-60) _____
    c.  en Barnabas (11.24) _____
        par Barnabas (11 .24) _____
    d.  en Paul (13.9) _____
        par Paul (13.10-12) _____

2.  Prêtons soigneusement attention à Philippe qui aurait pu être décrit comme un membre du conseil de la première église locale.
    a.  Plus exactement, quelle était la position de Philippe dans l'église ? (Actes 6.1-5) _____
    _____

    b.  A qui témoignait-il et pourquoi le témoignage était-il si important ? (Actes 8.26-27) _____
    _____

    c.  A quel point Philippe était-il sensible à l'œuvre du Saint-Esprit ? (Actes 8.29-30) _____
    _____

    d.  Quel était le secret de la puissance et de l'efficacité de Philippe ? (Actes 6.3, 5) _____
    _____

3.  En Jean 4.14, Jésus a promis de donner « une source d'eau qui jaillira jusque dans la vie éternelle. » En Jean 7.37-39, Christ a expliqué ce que l'Esprit ferait. De quoi s'agit-il ? _____
_____

Au sens symbolique, quel est le bénéfice de cette provision de la grâce pour les autres, en dehors de toi-même ? _____

_____

4. Quand Christ s'est donné lui-même « dans le but de purifier pour lui-même un peuple qui lui appartient » quel est son objectif pour ce même peuple et son impact sur le monde qui l'entoure ? (Tite 2.14) _____

_____

5. Quel ministère exerçaient les laïcs remplis du Saint-Esprit et élus, en Actes 6.1-3 ? _____

_____

6. Quel effet la compassion des disciples remplis de l'Esprit avait-elle sur les indigents selon Actes 4.31-35 ? _____

_____

7. Décris une situation où l'on a manifesté aux autres un intérêt particulier grâce aux efforts d'un chrétien rempli de l'Esprit. _____

_____

_____

8. La puissance de l'amour et l'évidence de la joie dans les épreuves telles qu'elles ont été manifestées par Etienne en Actes 7.55-60 et par Paul et Silas en Actes 16.25 ont une cause. Qu'est ce que ou qui est ce qui est à l'origine des qualités telles que l'amour et la joie ? (Galates 5.22) _____

_____

_____

9. Comment devons-nous adorer Dieu, en tant que chrétiens ? (Philippiens 3.3)

_____

_____

10. Comment Dieu nous permet-il de le servir ? (Luc 1.74-75) _____

_____

11. Imagine les gens ordinaires réalisant quelque chose de spécial (ou d'extraordinaire) pour Dieu.
    a. Où est-ce que les hommes trouvent-ils la capacité d'exercer des ministères spéciaux pour Dieu ? (1 Corinthiens 12.4-6) _____

    _____

    b. Qu'est ce qui doit régir l'usage de chaque don ? (1 Corinthiens 12.7) __

    _____

    c. Lire la liste des dons, des capacités' et des grâces dans les passages suivants et retenir un don de chaque liste.

(1) 1 Corinthiens 12.8-11 _____

(2) Romains 12.6-8 _____

(3) Éphésiens 4.11-12 _____

(4) 1 Pierre 4.9-11 _____

d. Quel(s) don(s) penses-tu que Dieu t'a accordé(s) et comment l'utiliseras-tu pour l'accomplissement d'un futur ministère ? _____

_____

12. D'où Dieu nous transmet-il sa puissance ? (Éphésiens 3.16) _____

_____

13. Comment Paul savait-il la manière dont il devait conduire son ministère ? (Actes 13.2 et 16.7) _____

_____

14. Quelle tâche apparemment impossible Christ a confié à ses disciples ? (Matthieu 28.19-20 et Luc 24.46 - 48) _____

_____

a. De quoi avaient-ils besoin pour accomplir cette tâche ? (Luc 24.49) _____

_____

b. Comment ce besoin pouvait-il être satisfait ? (Actes 1.8) _____

_____

c. Quel a été l'accomplissement de cette promesse de Dieu en Actes 1.8 ? (Actes 2.4-12) _____

_____

d. Quel était le résultat du sermon de Pierre alors qu'il était rempli de l'Esprit et celui du témoignage des disciples ? (Actes 2.41) _____

_____

e. Raconte la fois où l'Esprit t'a aidé à témoigner. _____

_____

_____

15. S'il y a un péché ou un obstacle qui empêche l'œuvre de Dieu dans ta vie, comment Dieu aimerait-il l'enlever ? (Matthieu 3.11-12) _____

_____

## UN TÉMOIGNAGE

Samuel Brengle était un officier de l'Armée du Salut. Plus d'un million de copies de ses livres sont une bénédiction pour le monde. Savez-vous ce que le Saint-Esprit a fait à travers lui ? Il a utilisé Brengle pour répandre l'amour ! Lis ce témoignage et tu comprendras.

Le 9 janvier 1885, vers neuf heures du matin, Dieu a sanctifié mon âme.

Je me trouvais dans ma chambre à ce moment là, mais quelques minutes plus tard, je suis sorti. Alors, j'ai rencontré un homme à qui j'ai raconté ce que Dieu avait fait pour moi. Le lendemain matin, j'ai rencontré un autre ami dans la rue et je lui ai raconté l'histoire bénie. Il a élevé la voix et loué Dieu et m'a exhorté à prêcher le plein salut et à le confesser partout. Dieu l'a utilisé pour m'encourager et m'aider. Ainsi, le jour suivant, j'ai prêché le message de la manière la plus claire et la plus puissante possible et j'ai terminé par mon témoignage.

Dieu avait puissamment béni les autres avec sa parole, mais je pense que j'étais le plus béni d'entre tous. Cette confession m'avait valu une renommée. Elle avait rompu les ponts derrière moi.

Trois générations me considéraient dès lors, comme celui qui a professé que Dieu lui a donné un cœur pur. Je ne pouvais plus faire marche arrière.

Je devais aller de l'avant. Dieu a vu que je voulais marcher dans la vérité jusqu'à la mort. Aussi, deux jours plus tard, juste au moment où je sortais du lit pour lire quelques paroles de Jésus, il répandit sur moi une bénédiction telle que je ne l'eusse jamais cru possible, ici-bas. Un ciel d'amour était entré dans mon cœur. Pendant que je traversais à pied le parlement de Boston avant le petit déjeuner, je pleurais de joie et louais Dieu ! o quel amour je ressentais ! A cet instant même, j'ai rencontré Jésus et je l'ai aimé au point que mon cœur voulait se briser d'amour. J'aimais les moineaux, j'aimais les chiens, j'aimais les chevaux, j'aimais les petits gamins dans les rues, j'aimais les étrangers qui me dépassaient avec empressement, j'aimais les païens, j 'aimais le monde entier.

Voulez-vous savoir ce que la sainteté signifie ? C'est un amour pur. Voulez vous savoir ce que signifie le baptême du Saint-Esprit ? Ce n'est pas un sentiment ordinaire. Ce n'est pas une sensation de bonheur qui s'évanouit en une nuit. C'est un baptême d'amour qui amène toute pensée captive à l'obéissance du seigneur Jésus (2 Corinthiens 10.5) ; qui bannit toute crainte (1 Jean 4.18) ; qui consume le doute et l'incrédulité comme le feu consume la paille ; qui rend l'homme « doux et humble de cœur » (Matthieu 11.29, LS). Il nous fait haïr l'impureté, le mensonge et la duplicité, la langue flatteuse et toute mauvaise voie, d'une haine absolue ; il fait du ciel et de l'enfer des réalités éternelles ; il nous rend patients et doux à l'égard des rebelles et des pécheurs ; il nous « rend purs, pacifiques, conciliants, nous remplit de miséricorde et de bons fruits et exempts de duplicité, d'hypocrisie » (Jacques 3.17, LS). Il nous met dans une parfaite communion et une sympathie sans faille avec le Seigneur Jésus-Christ, dans son œuvre de ramener à Dieu, un monde égaré et rebelle.

Dieu avait fait tout cela pour moi, béni soit son saint nom !

16. Pense un peu à ce que le Saint-Esprit pourrait faire àtravers toi ! _____

_____

_____

Tu peux être rempli de l'Esprit et entièrement sanctifié. L'es-tu ? Tu peux vivre et marcher selon l'Esprit, dans une expérience continue. Le fais-tu ? L'Esprit t'utilisera pour accomplir des choses glorieuses. Est-ce que c'est le cas en ce moment ?

*O Seigneur, pour le reste de mes jours, je veux vivre l'aventure de ton règne total sur ma vie.*

## VERSET À MÉMORISER

Ce n'est ni par la puissance ni par la force, mais c'est par mon esprit, dit l'Éternel des armées.

Zacharie 4.6 (LS)

# VERSETS À MÉMORISER

Découpe ces cartes et les utilisée comme aide pour la mémorisation du verset. Porte=les dans ton sac ou porte-monnaie, colle-les sur votre miroir, utilise-les pour marquer votre Bible, glisse-les dans la poche de votre chemise, partout où elles serons pratiques, pour t'aider à apprendre les versets.Leçon 1

## LEÇON 1

Et moi, je prierai le Père, et il vous donnera un autre consolateur, afin qu'il demeure éternellement avec vous, l'Esprit de vérité, que le monde ne peut recevoir, parce qu'il ne le voit point et ne le connaît point ; mais vous, vous le connaissez, car il demeure avec vous, et il sera en vous.          *Jean 14.16-17*

## LEÇON 2

Celui qui garde ses commandements demeure en Dieu, et Dieu en lui; et nous connaissons qu'il demeure en nous par l'Esprit qu'il nous a donné.
                                        *1 Jean 3.24*

## LEÇON 3

Ceux qui sont à Jésus Christ ont crucifié la chair avec ses passions et ses désirs.
                    *Galates 5.24*

## LEÇON 4

Ne vous enivrez pas de vin : c'est de la débauche. Soyez, au contraire, remplis de l'Esprit
                    *Éphésiens 5.18*

## LEÇON 5

Que le Dieu de paix vous sanctifie lui-même tout entiers, et que tout votre être, l'esprit, l'âme et le corps, soit conservé irrépréhensible, lors de l'avènement de notre Seigneur Jésus Christ ! Celui qui vous a appelés est fidèle, et c'est lui qui le fera.          *1 Thessaloniciens 5.23-24*

## LEÇON 6

Et cela afin que la justice de la loi fût accomplie en nous, qui marchons, non selon la chair, mais selon l'esprit.
                        *Romains 8.4*

## LEÇON 7

Il m'a dit : Ma grâce te suffit, car ma puissance s'accomplit dans la faiblesse. Je me glorifierai donc bien plus volontiers de mes faiblesses, afin que la puissance de Christ repose sur moi.
                    *2 Corinthiens 12.9*

## LEÇON 8

Ce n'est ni par la puissance ni par la force, mais c'est par mon esprit, dit l'Éternel des armées.
                        *Zacharie 4.6*

# TABLE DE MATIÈRES